新雅

名人館

…印度獨立之父…

甘地

編著 陳超

新雅文化事業有限公司
www.sunya.com.hk

新雅 • 名人館

印度獨立之父 **甘地**

編　　著：陳超
內文插圖：鄒越非
封面繪圖：李祥　李鵬飛
策　　劃：甄艷慈
責任編輯：陳友娣
美術設計：何宙樺
出　　版：新雅文化事業有限公司
　　　　　香港英皇道499號北角工業大廈18樓
　　　　　電話：（852）2138 7998
　　　　　傳真：（852）2597 4003
　　　　　網址：http://www.sunya.com.hk
　　　　　電郵：marketing@sunya.com.hk
發　　行：香港聯合書刊物流有限公司
　　　　　香港新界大埔汀麗路 36 號中華商務印刷大廈 3 字樓
　　　　　電話：（852）2150 2100
　　　　　傳真：（852）2407 3062
　　　　　電郵：info@suplogistics.com.hk
印　　刷：中華商務彩色印刷有限公司
　　　　　香港新界大埔汀麗路 36 號
版　　次：二〇一七年五月二版

ISBN: 978-962-08-6805-4
© 2003, 2017 Sun Ya Publications (HK) Ltd.
18/F, North Point Industrial Building, 499 King's Road, Hong Kong
Published and printed in Hong Kong

前言

　　甘地是印度獨立之父。他以堅定的信念和畢生的精力，為國家的獨立和民族的團結而戰，印度人民尊稱他為「聖雄」。

　　甘地於 1869 年出生在印度西部。那時的印度已淪為英國的殖民地，人民飽受歧視和欺壓，生活在水深火熱當中。

　　年幼時的甘地並沒有顯露出他「聖雄」的光芒。他膽小怯懦，事事都表現出和順合作的態度。但他在將滿十九歲時，衝破家族阻力，前往英國留學，表現出了他勇敢與具有獨立精神的一面。

　　1891 年，甘地學成返國，不久又前往南非工作。他在南非目睹了印度人民所受的欺凌，終於起來反抗。

　　1894 年，甘地在南非成立了納塔耳印度人大會，開始投入全部的精力為印度人民抗爭。後來他回到印度，將在南非反抗殖民政府的經驗和方法帶到印度，繼續領導印度人民爭取民族獨立的鬥爭。

　　甘地領導過真理把持運動、不合作運動，以及造鹽運動等，將民主抗爭精神撒播進印度人民

心裏。雖然戰鬥是漫長和艱辛的，但甘地從沒放棄和平的信念：「我從不打算以暴制暴，因為這就等於以罪惡對付罪惡，結果只會出現更多的罪惡。」貫穿甘地一生的鬥爭思想與哲學理念是和平、非暴力，他不相信暴力可以解決問題，相反只有非暴力才具有最大的力量。甘地實行的真理把持運動、不合作運動和絕食行動，都是以非暴力為基礎的。

1948 年，甘地為印度流盡最後一滴血，終年七十九歲。

雖然印度最終還是分裂了，但沒有人能忘記，甘地瘦小的軀幹內，藏着無窮的愛心與智慧。他是全世界和平愛好者的英雄。

目錄

一 英雄誕生了

一八六九年十月二日，莫漢特·卡蘭姆昌德·甘地在印度西部的波班達出生了。

小甘地有三個姊姊和兩個哥哥，在家中排行最小。他個子小小的，哭聲和笑聲也是小小的。爸爸卡朗昌·甘地抱着小甘地笑了，接着又幽幽地歎息：「希望你長大後，不用忍受現在印度人所承受的欺壓吧！」小甘地就是這樣，自小聽着父親講述印度的慘痛歷史長大。

印度位於南亞洲，是四大文明古國之一，同時又是佛教的發祥地。印度是個有許多不同種族人民的大國，還有多種宗教信仰，其中教徒人數最多的是印度教和回教。由於地域和宗教上的差異，印度經歷過多次的分裂和統一。

知識門

印度：

東北部與中國、尼泊爾等國接壤，首都是新德里。古代中國人將印度及附近的國家統稱「天竺」，唐代玄奘法師曾往西域取經，就是往印度的方向走去。

印度教：

初期稱為婆羅門教，是印度人民的精神支柱。教義主張吃素、嚴禁殺生，強調慈悲和寬容。

十五世紀，歐洲人開始入侵印度，葡萄牙人大力發展印度的航海路線，從事香料貿易。後來英國和法國也來分一杯羹，一七五七年的普拉西之戰中，英國戰勝了其他歐洲國家，勢力逐漸擴張至印度各地，當時統治印度的蒙兀兒帝國名存實亡。

自一八〇〇年開始，英國人在印度成立東印度公司，進行香料貿易，後來又在印度設置貿易租借區。可是英國人並未滿足，為了進一步牟取暴利，東印度公司的官員和軍隊逐步在印度建立殖民據點，全面控制印度。表面上，英國人和印度人是平等地進行貿易買賣，事實上，英國人卻靠着武力，以極低的價錢強迫印度人交出棉花和茶葉，所得的利潤大部分都進了英國人的口袋，而印度人則過着窮困的生活。英國人甚至將運到英國的棉花，在工廠織成布，再將布賣回給印度人，從中賺取更多的錢，他們的行為實在和搶掠沒有分別。

英國人不斷地得寸進尺，不僅在經濟上向印度人施以高壓、收取重稅，更在政治上剝奪印度人的權利和尊嚴，使印度人過着像奴隸般的生活。

一八七七年一月一日，英國維多利亞女皇宣布為印度女皇，印度正式成為英國的殖民地。那年，小甘地只有八歲。

雖然如此，由於甘地家族世代經商，家境也算富裕，所以小甘地還可以在一棟舒適的二層樓房中成長，享受安穩的童年。「甘地」二字在印度文中，是「雜貨商」的意思。甘地的祖父和父親眼看印度人民飽受英國人的欺凌，便決定棄商從政，並先後當上了波班達的首相。

對當時的統治者而言，甘地家族常常惹起麻煩，令人頭痛。甘地的祖父烏塔姆昌德‧甘地，便因被指有政治陰謀，迫使他卸去波班達首相的職位，流亡到鄰近的小邦。

當地的邦王接見他時，烏塔姆昌德用左手向邦王行禮，邦王感到很奇怪：「印度人都是用右手行禮的，你為什麼用左手？」烏塔姆昌德解釋說：「我的右手已獻給波班達了。」邦王聽後十分感動：「如果我的邦國也有像你一樣忠心耿耿的官員，人民便有福了。」

後來，甘地的父親卡朗昌也當了波班達的首相，繼續為人民服務。當人們發生爭執時，他都會公正無私地折衝協調。他曾經為了維護印度人民的尊嚴，與英國官

知識門

甘地家族：
甘地出生時的印度，階級分明，人民共分四等，即婆羅門（貴族和僧侶）、殺帝利（武士）、吠舍（工商農）和首陀（奴隸）。甘地家族屬於第三等。除四大種族外，還有一個「不可接觸者」階層，這些人被視為賤民。

吏發生衝突，更因此被囚禁。

可是，祖父和父親的領導者風範，並未出現在小甘地身上。小甘地自小就很靦腆、羞怯，凡事循規蹈矩，喜歡躲在哥哥姐姐或母親的身後。小甘地雖然視父親為偶像，但與母親的關係則更親密。

甘地的母親名叫普利芭，是卡朗昌的第四位太太。她是一個虔誠的印度教教徒，全心全意地奉獻自己，為他人服務，而且對宗教的各樣規條及儀式都嚴格執行和遵守，從不懈怠。當丈夫在外為印度人的福利與英國人周旋時，普利芭便在家苦行，希望為印度人贖罪。

有一年，普利芭決定在沒看見太陽之前不吃任何食物，因此變得瘦弱多病，令家人非常擔心。小甘地每天起牀後最大的心願便是：「天氣晴朗！」可是，雨季一到，太陽便像有心捉弄小甘地一樣，經常躲着，一連數天都不出來。小甘地每天都和哥哥姐姐一起跑到屋外，仰着頭，努力地在黑壓壓的雲層中找尋一絲太陽的光線，弄得頸也痠了。

一天，太陽終於探出頭來了，小甘地立即跑到媽媽

苦行：

一種宗教修行方式，不限於印度教。苦行的方式多是一般人認為是痛苦、難以忍受的，例如長期斷食、在炙熱的炭上行走等等，藉以鍛煉忍耐心、斷絕慾望，或祈求得到神靈的祝福、寬恕等等。

面前歡呼：「媽媽，太陽出來了！你快看！」怎料，當普利芭拉開窗簾時，太陽又躲進雲後面去了。溫順的小甘地氣得面也紅了，眼淚都快要滾出來，普利芭溫柔地抱起他，微笑着說：「不要哭，神要媽媽明天吃更好的食物，你應該高興才對。」

　　小甘地雖然生於被英國人侵佔、欺壓的印度，但卻在一個仁愛、不殺生、素食、苦行的印度教家庭中成長。甘地長大後，仍處處流露出謙恭慈愛的本性。

想一想

1. 為什麼說印度人過着像奴隸般的生活？
2. 甘地一家信奉的是什麼宗教？這派宗教有什麼特點？

二 誠實的人

　　小時候的甘地像其他小朋友一樣喜歡玩耍，氣球、陀螺、網球、板球等等他都很愛玩。

　　當時大部分印度人的經濟環境都不好，國家又沒有提供免費教育，因此上學讀書成了奢侈的事。小甘地由於家境不錯，從小就有機會上學讀書。不過，甘地覺得記住老師的綽號，實在比記誦課文輕鬆得多。他和大多數同學一樣，有時候也很調皮，但一直保持着一個「不好不壞的學生」形象。

　　學生時代的甘地一點都不突出，表現普通，然而他有一個最大的優點，便是守時。如果早餐尚未做好，他寧可吃前一晚的剩菜也不願上學遲到。

　　甘地一直都長得很瘦弱，七歲那年，父親要離開波班達，到拉吉柯任職，小甘地也跟着轉到當地一間小學讀書。可是，他的學校生活並不愉快。

　　「膽小鬼！沒用鬼！」同學們經常這樣取笑小甘地。

　　「我不是膽小鬼！我不是沒用鬼！」小甘地漲紅了臉，大聲和他們理論。

「上體育課時，你不敢打跟斗；上數學課時，你又不會唸乘數表。你說你不是膽小鬼和沒用鬼，那是什麼？哈哈哈！」

小甘地含着淚，一溜煙跑回家，向媽媽哭訴：「媽媽，我不要上學了！」

普利芭問明了事情的原委後，對他說：「你能夠上學讀書，已經比很多印度孩子幸福了，你要好好珍惜啊！」

小甘地一向聽從媽媽的話，雖然他仍不喜歡與同學接觸，不知道該怎樣和他們相處，但他還是天天硬着頭皮上學去，而且變得比從前更加勤奮向學，成績也因此進步了。

甘地的學校成績顯示出他是個飄忽不定的學生，有時候顯得聰明伶俐，有時候卻很平庸。而其中表現得最差的，便是體育科。

甘地一向膽子小，又長得瘦小，別人輕易做到的運動項目，對甘地來說，卻比做一百條算術題還要艱難。越是怕便越是做得不好，甘地每次上體育課都會給同學取笑。

「這些娘娘腔的體操動作，實在可笑極了，我才不要做呢！」甘地惟有在心中這樣安慰自己。

另一個令甘地討厭上體育課的原因，便是體育課的上課時間。甘地的爸爸自從調遷後，工作比之前繁重了，身體也因長期疲勞而變得虛弱，要經常臥病在牀。甘地每天放學後，都急不及待地跑回家照顧父親，怎知學校竟把體育課的上課時間安排在放學後，這令甘地非常不高興。

　　有一次，甘地的爸爸又病倒了。甘地放學後打算先回家看看父親，再趕回校上體育課。甘地的爸爸在牀上睡了一整天，看見小兒子回來了，便高興地捉着他的手聊天。甘地雖然趕時間，但見爸爸的精神難得這麼好，便不忍心打斷他的話，自己只有在心裏乾着急。當甘地回到學校上體育課時，學校已空無一人了。

　　第二天，校長要他解釋缺課的原因。甘地照實說出來，誰知校長卻斷然說：「你是在找藉口逃避體育課吧！還撒謊？」無論甘地怎樣說，校長也不接受。

　　小甘地懷着滿肚子委屈回到家裏，媽媽見他眼紅紅的，便問：「又給同學欺負了？快來告訴媽媽發生了什麼事。」甘地的淚水再也忍不住了，便把滿肚子的委屈告訴媽媽。

　　媽媽知道後，替他寫了一封信向校長解釋，甘地看着媽媽寫道：「我相信我的孩子是一個誠實的人，他是

絕不會撒謊的⋯⋯」這句話從此便深深印在甘地心中，「做一個誠實的人」成了他做人的原則。

無故缺課的事情終於水落石出，甘地亦因此獲豁免上體育課。不過，為了保持身體健康，甘地決定不坐馬車，養成了每天步行上學和回家的習慣。

後來，又發生一件事，更加堅定了甘地要做一個誠實的人的決心。

一天，有一位英國督學要來學校視察，學校充滿了緊張的氣氛。

上第一節課的時候，老師便對全班學生說：

「今天，你們要默寫五個英文字，大家絕不能出錯，不要讓學校丟臉，不要破壞學校的名聲。」

老師又補充說：

「若你們真的默不出來，可以偷看鄰座的默書簿，大家明白嗎？」

同學們都點了點頭。

默書開始了，甘地寫出了其中四個生字，偏偏是「茶壺」這個詞語，他怎樣也記不起來。老師見甘地面有難色，便使眼色要他看鄰座同學的默書簿。這時，正直的甘地心裏產生了很大的矛盾：

「媽媽說作弊和偷竊一樣，都是不誠實的行為。但

若不這樣做，所有人都會因我而丟臉……怎麼辦？」

這時，甘地腦海中浮現出媽媽的話：「我相信我的孩子是一個誠實的人，他是絕不會撒謊的……」

最終甘地沒有偷看，全班同學都得到滿分，只有甘地例外。校長為此很不高興，老師還罵了他一頓，同學們也嘲笑他。甘地的哥哥回到家裏，把今天在學校中發生的事告訴爸爸和媽媽。

甘地怯生生地說：「我只是……不想說謊，我要做個誠實的孩子。」

爸爸和媽媽聽了，不但沒有感到丟臉和生氣，反而高興地說：

「看！我們的孩子多麼有勇氣，他是最勇敢的人！」

常被人取笑是「膽小鬼」的甘地，還是第一次聽到別人稱讚他勇敢呢！

想一想

1. 為什麼說甘地小時候是膽小鬼？

2. 為什麼甘地的爸爸、媽媽說甘地是最勇敢的人？

三 小伴侶

學校的生活一天一天地過去了，不知不覺，甘地已經升上中學二年級了。

這天甘地放學回家，看見家裏張燈結綵，媽媽忙碌地走來走去，指揮着僕人，於是好奇地問：

「媽媽，有什麼喜事要慶祝嗎？」

媽媽神秘地笑了笑，說：「傻孩子。」

這下甘地更好奇了：「噢，我知道了，一定是二哥要結婚了。」

媽媽搖搖頭笑道：「結婚的不單是你二哥，還有你和你的堂兄。」

甘地聽了，愕然地張大了嘴巴，不知說什麼好。

媽媽繼續說：「你們三人同時舉行婚禮，可以節省不少開支呢！」

那年甘地只有十三歲。這個年齡結婚現在看來似乎太小了些，但在當時的印度社會，童婚是一項印度教的傳統習俗。

其實在此之前，甘地的父母已經幫他訂過三次婚

了。首兩次訂婚是在甘地還是嬰兒的時候，可是那兩個小女孩早已夭折了。這次訂婚是在甘地七歲那年訂下的，不過甘地毫不知情，也從沒見過未婚妻子一面。

那時，甘地對婚姻的觀念是十分模糊的。結婚對他來說，只不過是穿上華麗的衣服，進行一些莫名其妙的儀式，還有豐富的食物和嫁娶的隊伍。就在一片忙碌、混亂和喧鬧中，甘地成了有婦之夫，從此身邊便多了一個陌生的小姑娘作玩伴了，新娘的名字叫做卡絲特芭·納坎吉。

不要看甘地在外面總是怯生生的，他面對妻子卡絲特芭時，很想建立起丈夫的傳統權威。他定了一些規矩，例如不許卡絲特芭在沒有他允許下出門，還有每天都要跟他上課學寫字等。

不過，甘地漸漸發覺，這位和他同齡的小女孩不單美麗，而且意志堅定。雖然卡絲特芭不曾上學讀書，目不識丁，但很有主見，有自己的想法。甘地有時不讓她出門，她還是照樣出門去了，令甘地越來越不是味兒，有時兩人更吵起架來。吵架後，他們通常誰也不和誰說話，但最後總是甘地先忍不住，逗卡絲特芭聊天，兩人便又和好如初了。

甘地曾試着在晚上給卡絲特芭上課。

「我很睏了！」卡絲特芭對上課總是提不起興趣。

「這麼快？今天只學了三個詞語。」

「不寫了，我去睡覺了。」

「等等……等等我，我也睡覺了。」

原來甘地是很怕黑的，所以卡絲特芭要回房間睡覺時，甘地也只好跟着回去，他害怕一個人留在黑暗之中。這件事，他沒有告訴卡絲特芭，因為他覺得這實在太丟臉了。

甘地長大後，曾主張反對童婚，他認為這只是一個古老的傳統，現在已不適宜再沿用下去。雖然如此，他這段婚姻卻維持了六十二年之久。甘地夫人對日後的印度獨立運動，也給予了巨大的幫助，而且不論遇到怎樣的迫害，她始終對甘地不離不棄。

除了卡絲特芭，當時甘地還有一個與他形影不離的好朋友，他名叫伊克米塔。伊克米塔是甘地哥哥的同班同學，他一向被大家視為問題少年。家人知道甘地與伊克米塔來往後，曾加以勸阻，但一向覺得自己長得太瘦小、不夠強壯的甘地，卻十分欣賞和羨慕伊克米塔的活潑健康與自信。

有一次，甘地正和伊克米塔聊天，忽然，伊克米塔哼出一首印度童謠：

「看啊！英國人多強壯，大魚大肉肚裏裝；看啊！

印度人瘦又乾，只吃苦頭不反抗。」

唱完後，他問甘地説：「你知道這首歌的意思嗎？」

甘地點頭道：「我當然知道。但我們的宗教是禁止吃肉的。」

伊克米塔歎了口氣，搖搖頭道：「我們如此衰弱，處處被高大的英國人壓迫，就是因為這個緣故。你知道嗎？我偷偷地吃肉了，而且還發覺，我的賽跑成績進步了很多。」

伊克米塔拿自己做例子來説明吃肉的好處，他堅定地説：「如果我們想把英國人趕走，就要由現在開始吃肉。」

一向熱愛國家的甘地開始動搖了：「不過，我總覺得這樣做不妥當。」

伊克米塔反問：「那你寧願當一個亡國奴，也不願成為一個肉食者？」

甘地終於被説服了：「好吧，我願意試一試。」

這天，伊克米塔拿着一盒羊肉，把甘地帶到了一處僻靜的地方，開始「訓練」甘地成為一個肉食者。

伊克米塔看見甘地吞下他人生中的第一口肉，也緊張起來：「怎樣？你覺得怎樣？」

甘地皺着眉頭，扁着嘴巴説：「唔……實在難吃極了，就像嚼着我的舊皮鞋一樣，令我感到反胃……」

伊克米塔鼓勵他説：「你只是不習慣而已，我第一次吃肉時還嘔吐起來呢！你的表現已經很不錯了。」

甘地搖搖頭説：「我實在吃不下去了。告訴你吧，當我吃下那塊肉時，爸爸媽媽的臉浮現在我腦中，他們的眼神充滿了責備和傷痛，我實在對不起他們。」

伊克米塔失望地站起來説：「算了吧！你若不想救國家，便回家乖乖地當個沒出息的素食者吧！」説完便轉身離開。

甘地拉着伊克米塔説：「好吧！你不要走，我再嘗試一下吧！」

對甘地來説，雖然肉很難吃，但更難的是他必須向家人撒謊。

卡絲特芭很快便發現，丈夫每晚吃飯時，總是臉有難色，「你怎麼了？身體不舒服嗎？」

「當然不舒服！你試試肚裏裝着一大塊羊肉，然後回家再吃一頓晚餐，看看有什麼感受？」甘地心裏這麼想，但口裏卻説：「學校裏的功課很忙，我有點累，所以胃口變差了。」

媽媽也很擔心他：「那你要小心身體啊！」

甘地內疚地説：「我會的，媽媽不要擔心。」

對一個立志要誠實的人來説，撒謊是何等痛苦的事

啊！甘地惟有在心裏唸着伊克米塔的話：

「你並非為了嘴饞才吃肉的，你是為了救國才這麼做的啊！」

伊克米塔的話果然沒錯，甘地習慣了食肉後，對食肉的恐懼漸漸變為喜愛，後來他更變成了肉食的愛好者，甚至公然地在食堂吃肉。就算沒有一整塊的肉，他也要在菜蔬中加一點點。

不過，這樣的日子只維持了一年。飲食習慣可以改變，但一個人的本質並不容易改變，欺騙父母的內疚感和不安始終沒有離開過甘地。終於他下定了決心，並告訴伊克米塔：

「雖說吃肉可以令身體強壯，但欺騙父母的罪過卻令我的靈魂變得虛弱，我決定停止吃肉了。」

想一想

1. 為什麼伊克米塔認為印度人要吃肉，才不會被英國人欺負？

2. 甘地為什麼會聽從伊克米塔的話，開始吃肉？後來甘地為什麼又不吃肉了？

四 寶貴的一課

　　甘地漸漸長大，逐漸建立了自己的社交圈子，身邊更多了一些揮金如土、反叛愛鬧的朋友。

　　一次，甘地發現他的朋友開始吸煙，每天放學後都會聚集在一處偏僻的地方，一起吞雲吐霧。甘地不敢嘗試，但心裏又充滿好奇。有一天，他看見伯父遺留在桌上的半枝香煙蒂，便偷偷地拿起來吸了一口，「咳咳咳！」甘地被香煙嗆得咳嗽不止，但心裏卻感受到一種前所未有的刺激感覺。

　　有一天，甘地的朋友對他説：「放學後我有點事，你可以幫我買一包香煙到山邊的木屋嗎？」甘地心裏雖然覺得有點不對勁，但他又想：「只是把煙送去，不會有問題的。」

　　就這樣，甘地拿着煙到山邊的木屋，只見整間房子都煙霧瀰漫。一位朋友慫恿他：「你也試試吧！」

　　甘地吶吶地説：「我……還是不試了。」

　　「哈哈，大家看，我早就猜他不敢試的了，我贏了，這包煙由你們付錢了，哈哈！」

「甘地，你這膽小鬼！害我們輸錢呢！」

甘地感到又氣憤又羞愧，一手搶過朋友的香煙，一邊咳嗽，一邊吸起煙來：「咳咳……誰說我怕的？咳咳！」朋友都看得目瞪口呆了。

甘地為了得到朋友的接納，也開始吸煙了，而且越吸越多，甚至有了煙癮。對一個中學生而言，香煙的價格並不低，甘地沒有錢買煙，便竊取僕人和家人的錢。

甘地知道自己做得不對，但又為自己找藉口：「我在家要服從父母，在學校又要順從老師，我也想做一些自己喜歡的事情啊！」

可這些藉口並沒有緩解他內心的罪疚感，甘地的性格因此變得憂鬱和暴躁。有一次，他和同伴煙癮發作，但身上又沒有錢，他們便找來一種多孔莖的野生植物來捲煙，無意中給他們發現幾顆有毒的野草種子。這時，一個念頭在甘地腦中閃過：「生活實在太不自由了，不如死掉算了。」

那年甘地十五歲，他和同伴帶着一股年輕人的反叛和衝動，竟然打算一起到廟堂自殺。他們互相敬禮後，便準備行動。這時大家你望望我，我望望你，誰也不敢第一個拿出毒種子放進口中，小伙伴怯怯地說：「若死得太慢會很痛苦的。」

　　這時，甘地冷靜下來，沒有了尋死的衝動，便建議道：「這樣吧，我們多找幾顆大的毒種子，確保能痛快地死去，再相約到這裏來吧！」大家都大表贊同，各自散去了，之後也再沒有人提起過自殺這件事。

　　同一年，卡絲特芭懷孕了，將為人父的甘地頓時感覺到生命的奇妙和珍貴，也明白到從前的自己是多麼的幼稚和不負責任。他對卡絲特芭説：「我會戒掉吸煙的惡習，用多點時間陪伴你，一起迎接孩子出生。」

　　雖然甘地決心痛改前非，但先前借來買煙的債項卻已高達二十五**盧比**①了，他哪裏有這麼多錢還債呢？甘地心情煩躁，他突然想起哥哥有一隻金臂鐲：

　　「我從哥哥的那隻金臂鐲上取走一兩塊金片，哥哥應該不會發覺吧？」

　　一天，他趁哥哥離家上班，便偷偷在他的臂鐲上刮下了兩塊金片。

　　就這樣，債是還了，不過，甘地的良知並沒有放過他，心裏背負的罪疚感比債項更加沉重，把他壓得透不過氣來。甘地變得討厭自己：「為什麼我會變得這樣墮落？我不是立志要當個誠實的人嗎？」這時甘地知道，只有一個人可以幫到他，那就是自己最敬畏的父親。

---

① **盧比**：印度的貨幣。

在甘地眼中，父親就像神明一樣充滿威嚴，在父親面前他永遠表現成一個循規蹈矩的好孩子，他實在萬分不願意破壞自己在父親心目中的形象。可是，甘地覺得，只有得到父親的寬恕，他才能重新面對自己。

經過一番思想掙扎，甘地誠心地寫了一封懺悔書，把自己所有的過錯一五一十地列出來，請求父親責罰，並懇請他原諒自己。

甘地的父親卡朗昌患了重病之後，身體很久都沒有好起來，要長時間臥牀。他坐在牀上，一邊讀着兒子的信，一邊流淚。甘地原本站在門外偷看父親的動靜，他見到父親流淚，便再也忍不住了，他跑到父親身邊跪下來，説：「爸爸，對不起！我竟令你如此痛心，請你責罰我吧！」

爸爸一言不發，把信撕碎，然後慢慢躺下。這靜靜的一幕，甘地一生也不能忘記。他抓着父親的手説：「爸爸，請你不要放棄我！我寧願你打我、罵我，也不想失去你的信任和愛！」

父親反握着甘地的手，溫柔地説：「我已經原諒你了。當了首相那麼多年，我明白到，憤怒的懲罰只會令人懼怕，只有愛心的寬恕才能讓人悔改。孩子，請不要再讓我心碎了。」

這是甘地上過最寶貴的一課。愛、和平、非暴力，

從此成了甘地做人的原則，也為他後來的神聖任務奠下了基石。

不幸的是，甘地的第一個兒子在出生後三天便夭折了，甘地和卡絲特芭傷心不已。甘地父親的病也一直未見好轉，臥病在牀長達兩年，甘地與母親經常衣不解帶地照顧他，並每晚替他按摩雙腿，直到他睡着為止。

一天晚上，甘地如常替父親按摩，叔父經過房間時，見甘地面容憔悴，便叫甘地回房休息，換他來按摩。甘地有點不情願，但見父親半閉着眼，似快要睡着了，便把父親交託給叔父，自己回房間休息。怎料，睡不到幾分鐘，甘地和卡絲特芭便被僕人的敲門聲驚醒。他跳下牀，火速奔去父親的房間，可是父親已經過世了。

甘地傷心欲絕，哭着說：「我不應該去休息的！我應該繼續按摩，讓他在我的懷裏離去！」那年甘地只有十六歲，由於沒能見到父親最後一面，這令他一生都耿耿於懷。

想一想

1. 甘地為什麼要吸煙？

2. 甘地父親知道甘地做錯事之後，為什麼沒有責罰他？

五 赴英留學

父親去世後，甘地的家人都期望他能繼承父親的首相職位，因此都建議他修讀法律。不過甘地卻害怕法律考試，而且他想當醫生。

甘地的哥哥大力反對：「父親在生的話，一定不贊成你當醫生。他一向對肢解屍體很反感，而且醫生是不能當首相的。」一提到父親，甘地便心軟下來，於是他下定決心去當律師，而那時當律師最快的途徑便是到英國留學三年。

母親普利芭卻不捨得與兒子分開：「你從小到大也未試過離家獨自生活的，我又怎放心你孤身飄洋過海呢？而且聽說年輕人到了英國，很容易養成歐洲人腐化的壞習慣，喪失原來的道德操守。」

叔父也不鼓勵甘地去英國：「是啊！聽說英國的年輕人，人人雪茄不離口，樣樣都吃，衣着服飾更加不像話，完全違背印度傳統。」

甘地雖然一向膽小怯懦，但一旦下了決心就不易改變：「時代已經改變了，在本地讀書，出路是極有限

的。在現代的社會，沒有高深學問的人，絕不能擔任首相之職，而且拿到英國學位也較有威望。」

甘地費盡唇舌，終於說服了母親和叔父，但他們要甘地立誓：「你要答應我們，在英國絕不吃肉、不喝酒和不碰女人。」

甘地立即鄭重地起誓：「好，我立誓絕不做這三件事！」

接下來要解決的便是金錢的問題。當時到英國讀書，大概要四、五千盧比，這絕不是個小數目。

幸好甘地的妻子與哥哥都支持他。卡絲特芭典當了自己的珠寶，換了兩、三千盧比。而交遊廣闊的哥哥，也為他籌集了餘下的費用。

一八八八年六月，甘地和哥哥滿心歡喜地到孟買去，準備讓甘地在那裏乘船前往英國。可是，由於之前有一艘船遇上狂風沉沒了，前往英國的船期也延遲了。

就在此時，甘地出國的消息傳開了，甘地家族所屬階級的族人召開了一次緊急會議，經過一輪激烈的爭辯後，主席宣布：

知識門

孟買：
印度一個港口城市，為全國第一大城市，是印度的金融、娛樂中心，人口密集。由於經濟發展蓬勃，吸引了印度其他地方的人移民到孟買生活。當地人民的識字率也是全國最高的。

「據我們調查所得，印度教在國外並不盛行，族人在適應國外生活時，很難避免要破壞我們的宗教教規。因此，家族公會決定否決甘地這次的出國計劃。」

面對整個家族的勢力，甘地雖然害怕，但他已不想再盲目順應傳統和教規，他語氣堅定地說：「我並不覺得留學英國與我們的宗教相違背，而且我已經在神和母親面前立誓，決不會違反教規。」

主席一怒之下，決定把甘地逐出大會，並禁止其他人幫助他：「我宣布，從今以後，莫漢特·卡蘭姆昌德·甘地再不是我們階級裏的人。」

被開除身分後，甘地反而感到鬆了一口氣。九月四日，船隻終於可以航行了，甘地帶了三個星期的食物，便隻身到英國去了，當時甘地未滿十九歲。

「嗚嗚——」輪船泊岸了，甘地終於到達了英國！

踏出碼頭，甘地一身雪白的印度傳統衣飾立即成了焦點，他與街上穿着灰黑色西服的英國人成了強烈對比。正當甘地感到不知所措的時候，一位英國紳士優雅地走向他，並和他握手。

甘地問：「你就是孟德爵士嗎？」

「不錯，甘地先生，我就是你家人的委託人，我會照料你在英國的留學生活。」孟德爵士說，「你千里迢

超來到這裏，不僅要研究學問，也應該把握這機會，了解英國人的生活習俗。我已經安排好，讓你住在我一個英國朋友的家裏，他會熱情地招待你的。」

孟德爵士替甘地安頓好行裝後，便帶他去照相，以便登記入學。相片中的甘地，頭髮又厚又黑，耳朵很大，眼神充滿了疑惑、敏感和恐懼。

幾個月後，甘地收到家裏的來信，卡絲特芭又為他生了一名男嬰。甘地為孩子取名為哈里拉爾，甘地終於成為爸爸了！可是這個身在遠方的爸爸，要忍受與家人分離四年的相思之苦。

在倫敦，甘地完全迷失在一個陌生的異國他鄉。四周的人的言行，他們的衣服，甚至他們的房子，甘地看起來都覺得很奇怪，使他非常不自在。

雖然甘地立誓堅持吃素，但是這個誓言在英國很難持續實行。甘地寄居的英國家庭對甘地雖然十分親切熱情，而且待他如兄弟一般，不過，甘地的飲食始終是個問題。

「唉，真不知該為甘地預備什麼食物才好。」房東太太時常為這事頭痛不已。

事實上，要求一個英國家庭煮食時不加入肉類是不大可能的，甘地也不敢提出這樣的要求。於是，甘地每

天的食物就只有幾片麵包和一些菠菜。房東的兩位小女兒看見甘地經常吃不飽，也感到不忍：「甘地先生，請你也吃掉我們的幾片麵包吧！」這倒使甘地尷尬不已。

日子過得久了，甘地的身體和意志都變得極其虛弱，像一個洩了氣的皮球一樣。一天，他在街上閒逛散心，忽然看見一間素食館。當時的他就像小孩看見冰淇淋一樣，興奮地直奔向食店。素食館入口處擺放着一些寄賣的書籍，甘地買了一本名叫《為素食請命》的書，他拿着書便進入餐館，享受了一頓豐富的晚餐。這是他離開印度後，第一次吃得飽足的正餐，「是神來救了我！」他對自己說。

不但如此，甘地還從書中得知，倫敦不只有素食主義者，還有一個倫敦素食主義團體。於是甘地加入了該團體，並積極參與團體中的活動。

甘地第一次出席聚會時，好奇地問其中一個會員：「你們的宗教也是禁止吃肉的嗎？」

對方親切地回答道：「噢，不是，我是患了心臟病後，才決定吃素的。很多研究都顯示，素食對健康有幫助。」

後來甘地還發現，除了健康問題，有些人是為了哲理與道德而吃素的。一直以來，甘地厲行吃素，都是為

了服從父母和宗教規條，根本不知目的何在。現在，他終於明白素食的真正意義和益處了，要成為一個素食主義者的決心便更堅定了。後來甘地還成為了英國素食協會的執行委員呢！

為了重新安排自己的生活，甘地決定搬離寄居的英國家庭，遷往一處離校不遠的地方居住，大約步行半小時便可到達。這樣做實在是一舉多得，除了方便上學、節省來回所花的時間和金錢外，搬家後，甘地不用別人遷就他的飲食習慣，還可以自行煮食，不用外出用膳，飲食費便可大大縮減。甘地學習做英國菜，他最拿手的就是胡蘿蔔湯，有時他會請朋友到家裏來，一邊喝湯，一邊討論人生、宗教等問題。

有一次，甘地和一位英國朋友討論到印度教的典籍《梵經》，朋友一邊喝着胡蘿蔔湯，一邊說：「聽說《梵經》翻譯成英文了，你覺得怎麼樣？」

甘地頓時滿臉通紅，尷尬地說：

「我雖然是印度教教徒，但說出來真慚愧，我還未看過《梵經》呢！」

就這樣，他開始研究《梵經》

知識門

《梵經》：

《薄迦梵經》的簡稱，即「神之歌」或「聖歌」的意思，是印度教的典籍，就像基督教的《聖經》、回教的《可蘭經》一樣，對教徒的意義重大。

了。看了之後，甘地被一些經文深深地打動了，例如：
「因財富而來的快樂是虛幻的，只有貧窮而不為誘惑，
精神才能得到真正的喜悅。」

甘地說：「它使我心平氣和、精神均衡。」《梵
經》成為了甘地的精神參考書、每日的指南。

後來，甘地開始研讀其他宗教的經典，當中還包括
了《聖經》。甘地讀到《新約》的「登山寶訓」那一段
時，他發現耶穌教人忍受屈辱、堅持非暴力的行為，和
《梵經》有點相像，甘地就是這樣確立了捨己、自我犧
牲的精神。

在英國的四年時間瞬間過去了。一八九一年，甘地
終於以優異的成績取得了律師資格。

想一想

1. 為什麼甘地要到英國修讀法律？

2. 甘地在英國期間遇到什麼困難？他怎樣
   堅持自己食素的誓言？

六 苦力律師

一八九一年六月十日，甘地乘坐一艘名為「桑亞號」的輪船，朝着家鄉進發。

甘地的心情就像海浪一樣，起伏不定：

「母親的身體不知是否健康呢？很久沒有收到她的來信了。」

「卡絲特芭和兒子不知怎麼樣？我的兒子今年已經四歲了。」

「回印度後，我能否找到律師的工作呢？」

「印度人是否還受盡英國人的欺壓呢？我到底可以幫我的祖國做些什麼？」

「桑亞號」終於泊岸了。

哥哥在碼頭迎接他：「你終於回來了，全家人都在等着你啊！」

甘地熱情地擁抱哥哥，激動得一時說不出話來。

甘地最想念的便是媽媽了：「媽媽呢？她在家中等我嗎？」

這時哥哥的笑容消失了：「媽媽……已經病死了。

媽媽在生時不斷叮囑我們，不要把她生病的消息告訴你，怕你會擔心。媽媽去世時，你又正在考試，我們更加不敢通知你。」

甘地腦中一片空白，心中的悲痛實在無法形容。

即使心裏再難過，生活始終是要過的。當時，甘地的哥哥是波班達邦王的秘書兼顧問，在當地有點名望，並有很大機會繼祖父和父親之後，出任該邦首相。在哥哥的幫助下，甘地開設了律師事務所，可是，事務所的生意未如理想。

甘地第一次的律師工作是以失敗告終的。當時他站在小法庭上，按照法庭程序，他需要向**原告**①的見證人提出一些**詰問**②。可是等到甘地發言時，他一望見法庭下坐着的人羣，以及站在他面前的被告、原告、見證人，還有威嚴的大法官、高大威武的衞警，感受到那莊嚴的法庭氣氛時，他竟一句話也說不出來。他勉強支撐自己站起來，對自己說：「別怕，我是律師，沒有什麼可害怕的。」可是無論他怎樣給自己鼓勁，還是感到頭昏目眩。最後，他只好告訴代理人，他不能受理此案，然後

---

① **原告**：訴訟事件的起訴人，與「被告」相對而言。
② **詰問**：盤問、質問。詰，粵音揭。

急忙逃出了法庭。

甘地漸漸發現，他雖然學習到法律的知識，但是卻沒有學懂如何去運用它，他只是拿到了一個頗具名聲的英國學位罷了。之後，甘地靠給別人寫**狀子**[1]，勉強維持生活。

甘地知道家人對自己的期望很高，尤其是哥哥，可惜自己卻一再令大家失望。

有一次，甘地的哥哥來找他幫忙：

「我遇上了一點麻煩，英國派了一位政治專員來這裏，他想調查我的職務。」

「我可以怎樣幫忙呢？」甘地很迷惑。

「我聽說，這位英國專員在倫敦和你見過面，也對你頗欣賞。你去替我說說好話，請他停止調查吧！」

「哥哥，如果你是問心無愧的，為什麼要害怕被調查呢？」

哥哥不耐煩地說：「你在英國的學費和生活費，一直都是由我負擔的，我從來沒要求你給我什麼回報。難道就連哥哥這個小小的要求，你也不能做到？」

甘地只好免為其難去一趟。

---

[1] **狀子**：也叫起訴書，到法庭辦理訴訟時需要有的文件。

「很久不見了，想不到我們會在印度再相遇呢！」甘地向專員親切地問好。

可是，那位專員在英國和在印度竟是兩個模樣，到了印度的他像換了人一樣，對甘地的態度很不客氣。

「我的時間是很寶貴的，你有話便快說吧！」專員連看也不看甘地一眼。

甘地感到十分委屈，但還是硬着頭皮把來意告訴他。

誰知甘地還未說完，便被專員喝止：

「住口！你是來求我徇私枉法的嗎？你們印度人，沒有一個是好東西！快給我滾！」

站在門外的侍役聽到爭執聲，都跑進來，粗魯地把甘地抓住，要把他推出門外。

甘地非常生氣：「住手！我會自己走，你要我多留一秒我也不願。我承認我提出的要求是有點不合理，但你說的話對印度人充滿歧視，你根本沒有資格來我們的國家工作。」

專員目中無人地對甘地說：「我喜歡說什麼便說什麼，因為我是英國人。甘地律師，你不會天真到認為，可以控告我種族歧視吧！」

甘地無功而回，哥哥只好另想辦法解決了。雖然事件最終得到平息，但這次的經歷卻令甘地感到非常壓抑。

甘地不明白，為什麼在英國時，專員可以和他平等相待；可是到了印度，專員卻換了一副嘴臉，盛氣凌人？難道因為印度是英國的殖民地，英國人來到這塊土地上，便覺得高人一等了？

甘地開始思考種族歧視的問題，他認為是制度使人變得如此可怕。

不久，甘地在家鄉邦王的手下謀得了一份差事。雖然印度被英人統治，可是當地的邦王仍耀武揚威，欺壓百姓，官吏之間更是爭權奪利。官場這樣黑暗，而自己身為律師卻對貧苦的當事人愛莫能助，這使甘地痛苦極了。卡絲特芭也因此非常擔心：

「請你不要再消沉下去了！」

甘地歎道：「我本來希望回印度後，為邦王做些瑣碎的法律工作，謀取一官半職，平穩地過下半生。但在這些日子裏，我看到了本地政治的黑暗，那些官員只是英國人的哈巴狗，根本不為人民着想，而我又無能為力，怎不叫人痛心呢？」

剛巧這時，甘地哥哥的朋友在南非開了一家律師行，想聘請他到當

知識門

南非：

南非聯邦的簡稱，位於非洲最南部，曾被英國佔領。南非以豐富的礦物資源聞名於世，例如鑽石和黃金。現為世界上惟一擁有三個首都的國家——行政首都普勒托利亞，司法首都布隆泉，以及立法首都開普敦。

地，擔任分公司的律師，甘地一口答應了。

「你真的要去嗎？」卡絲特芭問。

甘地安撫妻子說：「無論如何，我都要改變現狀，讓我去吧！我答應你，一年內，我一定會回來的。」

一八九三年，甘地乘船到南非的德爾班港口。

「歡迎你，甘地先生，我叫阿杜拉，是分公司的經理。」

這位阿杜拉先生是個回教教徒，也是個頭腦精明的商人。

第二天，甘地獨自去參觀法院。一位法官無禮地對甘地說：「你這個『苦力律師』，快把頭巾脫下來。」

甘地感到莫名其妙：「對不起，在公眾場合把頭巾除下，對我來說是一種恥辱，恕我不能做到。」說完便匆匆離開。

事後，甘地跟阿杜拉提起這件事，才知道只有回教教徒才可以在法院裏繫頭巾。

甘地感到不念：「這分明是歧視印度教教徒。」

阿杜拉向他解釋南非的情況：「在南非，人們的階級觀念十分強烈。他們輕視那些賣身的印度人，而這些人當中，大部分都是印度教教徒，他們常被稱為『苦力』。『苦力律師』、『苦力商人』、『苦力老師』這

些稱呼，就是這樣得來的。」

甘地無奈地説：「為了避免麻煩，那我改帶英式帽子吧！」

怎料阿杜拉反對説：「**有色人種**①戴帽子，會被視為僕人的。」

甘地痛心疾首：「這個地方的種族歧視，真的到了無藥可救的地步了嗎？」

阿杜拉還告訴甘地：「在南非，種族歧視是『合法』的。印度人沒有選舉權，出入境時要繳納人頭税，不准購買南非的黃金，而且在不同地方都要遵守當地的歧視法則，例如在納塔耳，所有印度僑民晚上九時以後都不許上街，甚至在白天也不准在某些街道上行走，若被發現而身上又沒有通行證，便要被扣押，有些地方更禁止印度人擁有土地、經商和耕作，如果要取得當地的居留權，更要繳付三鎊税金，而且只准住在貧民窟。」

聽了印度人民在南非的苦況，甘地心痛不已。

---

① **有色人種**：指白種人以外的人種，例如黑人、黃種人、印度人等，也指白人與其他種族的人所生的混血後裔。現時「有色人種」一詞被視為帶有種族歧視的用語。

想一想

1. 從英國學成回印度後，甘地為什麼當不成律師呢？

2. 在南非時，甘地為什麼被稱為「苦力律師」？

七 人情冷暖

在德爾班逗留了七、八天，甘地便起程前往納塔耳上任。

甘地穿着一身西服坐在頭等車廂內，英國人車長經過，把他從頭到腳打量了一遍，然後惡狠狠地瞪着他說：「苦力，回你的三等車廂去！」

甘地拿出車票說：「我買的是頭等車廂的車票，而且，我是一名律師，並不是苦力。」

車長沒好氣地說：「南非是沒有黑人律師的。」

甘地不甘示弱：「如果我在你眼中是有顏色的，那麼南非就至少有一名黑人律師。」

車長生氣了：「我不理你是誰，滾回三等車廂去！」

甘地別過臉，不再理他。

「好，我叫警察來把你趕下車。」

車上的警察很快便來了，他們把甘地連人帶行李扔出車廂外。

「你們做什麼？我有車票！你們憑什麼把我趕下車？」

「有問題的不是你的車票，而是你的膚色。」車長

冷冷地説。

「我的膚色妨礙到你們什麼？」

「白人乘客不會喜歡有你這個黑人在頭等車廂與他們作伴的。」車長説，「你現在決定返回三等車廂的話，我還可以再給你一次機會。」

甘地雙眼冒火：「你們到底是警察，還是流氓？如果我到三等車廂的話，就是承認你們的所作所為是對的了，我絕對做不到！」

無情的車長收起了甘地的大衣，使他在這個嚴寒的晚上，獨自坐在候車室發抖。

甘地痛苦地想：我的國家到底變成了一個怎麼樣的國家啊？為什麼印度人會受到這樣的待遇？

遇到挫折，有些人會選擇退縮，有些人卻會選擇克服。甘地是後者，這個晚上改變了他的一生，他決定不再啞忍下去了。

第二天，甘地繼續上路。他要乘火車到普萊多利亞，然後轉乘馬車到目的地。乘坐馬車時，甘地又遇到不平等的對待，檢票員雖然讓甘地上車，但不許他進車廂裏與白人同坐，硬要他坐在駕駛座旁邊。

無理的待遇接踵而來，檢票員因為要吸煙，怕影響到車廂裏的白人，便從車廂走出來，對甘地説：「我要

坐你的位子，你坐到踏板上去！」

甘地忍無可忍了：「若要我離開這兒，我便要坐進車廂裏去。」

那檢票員頓時勃然大怒，用力打了他一巴掌，還要把他推下車，甘地只好使勁地拉着車旁的欄杆，險象環生。車廂裏的白人乘客看不過眼，便對檢票員說：

「既然他買的票和我們的一樣，就讓他坐進來吧！」

檢票員聽白人都這樣說了，便不好意思再為難甘地。

甘地千辛萬苦終於到達目的地，幾個印度人迎上來，關切地問：

「阿杜拉的電報說你昨天便應到達了，我們在這裏等了你很久呢！發生了什麼事嗎？」

甘地把路上遇到的事全告訴了他們，只見他們搖搖頭說道：

「你初到這裏，還會為這些事氣憤一番，但在這裏的印度人，已不把它們當作一回事了，因為大家都習慣了。」

「這種恥辱怎能習慣呢？」甘地滿腔怒火。

「算了吧，我們也不一定要坐頭等火車的。」

「這不是坐不坐頭等火車的問題，重要的是印度人的尊嚴和權利！」

甘地不甘忍受這種屈辱，同時他覺得印度同胞過於

軟弱，他決定從自己做起。

有一次他又要乘火車，他決定再坐頭等車廂。於是他在購票前，先寫信給當地的火車站站長，要求購買一張頭等車票。在出發當天，甘地已做足心理準備要和站長理論一番。

「我訂了一張頭等車票，我是來取票的。」甘地堅定地直視着玻璃窗後的站長。

「是你寫信給我的嗎？」站長有禮貌地問。

「是的，不是有什麼問題吧？」甘地蓄勢待發。

「不要緊張，我並不是想為難你，我對你們絕對無歧視，而且看過你的來信後，還很同情你們的遭遇呢！我可以給你一張頭等車票，不過，我不能擔保，你在途中會不會遇到什麼麻煩。」站長溫和地解釋道。

「謝謝你。」甘地感激地與站長握手道別，然後登上頭等車廂。

不出所料，中途又遇上了一個難應付的檢票員：「坐回三等車廂去！」

不過這次甘地還未開口，坐在他對面的英國人便義正詞嚴地說：「你沒有看見他的頭等車票嗎？我喜歡和這位印度紳士坐在一起，請不要找他的麻煩。」

檢票員聽了，登時面紅起來，不服氣地說：「既然

你喜歡與苦力同坐，我也管不着。」

甘地感動極了，他明白好人與壞人，並不是由膚色去決定的，每個人都可以自己去選擇，這就是真正的平等。

到達目的地後，甘地在車站裏徘徊了很久都找不到旅館落腳，因為當地的旅館都拒絕接收「有色人種」。正當甘地感到絕望之際，一位黑人走到他身邊，熱心地說：「你要找地方投宿嗎？我有一位朋友是開小旅店的，我可以帶你去碰碰運氣。」

旅店的店主十分友善，他讓甘地在那裏住宿，不過有一個附帶條件：「我絕非歧視你，但由於我的顧客中有很多歐洲人，若你與他們一起吃飯，恐怕他們會惹麻煩，所以希望你能委屈一點，在房間裏用膳。」

「沒有問題，我也不想給你帶來麻煩。」

於是甘地走進房間，等待着他的晚餐。

想一想

1. 為什麼火車上的檢票員都不讓甘地坐進頭等車廂？

2. 為什麼甘地堅持要坐頭等車廂？

八 展開領導工作

前往納塔耳途中的遭遇使甘地成長了不少，在南非親眼目睹及經歷的一切使他痛心疾首。他意識到，印度人之所以淪落到這樣的地步，除了因為白人的侵略和欺壓，也因為印度人本身的懦弱。

一向膽怯的甘地決定站出來，做一個勇敢的印度人。他一邊努力發展律師的業務，一邊廣結志同道合的朋友，並組織了一個集會，邀請印度教教徒及回教教徒參加。

「連印度人也不尊重印度人，外國人又怎會尊重我們呢？」這是甘地的第一次公開演講，心中的憤慨使他克服了不善言辭的弱點，那年他二十四歲。

甘地還開始將心裏的不滿付諸行動，他出席各式的會議演說、向報紙投稿、草擬請願書等，其中一份請願書就得到了一萬名印度僑民簽名支持，另外他還出版過兩本小冊子，分別是《致南非每位英國人請願書》及《為印度人選舉權請命書》。

甘地相信請願是和平、有禮和講道理的行動，他說：「作為一個律師，在案件中，我領悟到一個道理，

就是：『一個成功的律師並不是為其中一方爭辯，而是尋求事情真相，協調出一個對雙方都有利的解決方法。』我的請願行動，並不是幫助印度人去打擊白人，而是希望雙方能和平共處。」

在不同的集會和演講上，他又指出，印度要在三項重要範疇中加以改善：保持衞生、接受教育和互相合作。同時，甘地還自願教印度人英文。

甘地除了呼籲印度人團結，也向白人作出呼籲：「法律應該是公正無私的，但在印度卻不然。你們常常**杯弓蛇影**[①]，提防印度人有一天會把你們趕走，於是只要有少許不順眼的地方，便立法來解決。這樣，法例只會使偏見合法化。」

甘地沒有發覺，他熾熱的心漸漸化解了他羞澀的個性，而長期演説的訓練，也使他成為一個充滿自信和感染力的人。有一次，他在一個有白人參與的集會上發言後，一位白人走到甘地面前，佩服地説：「你的演説實在太有魅力了，我相信你將來一定會是一位傑出的領導人物。」

甘地受到很大的鼓舞，自此，他更渴望為公眾服務，也更樂於為印度人民高聲疾呼，討回公道，爭取平等。

甘地漸漸聚集到一批支持者，在南非嶄露頭角，一

[①] **杯弓蛇影**：比喻為不存在的事情而白擔心。

些英國官員也開始巴結他，給他特殊的通行證，讓他可以在禁止有色人種通行的街道上行走。本來甘地盡量避免使用這種特權，但有一次，由於趕時間，甘地顧不得什麼禁制令，便走在受管制的街道上。一個英國士兵見他是有色人種，便不由紛說地把他推倒在地上，並向他拳打腳踢。恰巧一位認識甘地的官員經過，便馬上喝止這個士兵，並對甘地說：「你可以控告他，我可以做證人。」那英國士兵嚇得面也發青了。

不過，甘地站起來，拍拍自己的衣服，說：

「算了吧！懲罰他也是於事無補的，真正的禍根是種族歧視。」

甘地寬宏大量的胸襟使印度人和白人都折服。在南非短短的三年間，甘地由一個鬱鬱不得志的律師，脫胎換骨，成為一位傑出的律師、受到政界重視的印度人，更是印度人心目中的「鬥士」和「領導者」。

想一想

1. 甘地為什麼會由一個膽怯的人變成一個充滿自信的領導者？

2. 甘地為什麼不控告打他的英國士兵？

九 以德報怨

一八九四年間，甘地打贏了第一場官司，並成立了「納塔耳印度人大會」，團結在南非的印度人，反對種族歧視。

一八九六年，甘地返回祖國印度，先後到達印度的加爾各答、孟買、浦那、**馬德拉斯**[①]等地，廣泛接觸當地的傳媒及黨領袖，向他們講述印度人在南非的苦況，藉以引起他們的關注。

回到印度後，甘地把印度人在南非的生活狀況寫成小冊子，又在各大報紙上發表出來。小冊子的銷量非常好，一度售罄，要加印一萬冊。

「太過分了，我們必須想辦法拯救南非的同胞！」甘地的話引起了很大的迴響，各地紛紛邀請甘地前來演講。為免羣眾過於激憤，甘地盡量用些較溫和的字眼，更不敢把同胞在南非受苦的情況完完全全地説出來。

就在這個時候，甘地接到「納塔耳印度人大會」的

[①] **馬德拉斯**：位於印度東南部，1996 年改名為清奈。

電報，請他立刻到那裏參加緊急會議。原來，南非的報章把甘地在印度發表的文章和言論大加渲染，有些報道甚至歪曲了甘地的原意。在納塔耳的歐洲人看了報道後都非常氣憤：「這甘地是個騙子，他靠誣害我們來提高自己的聲望！」

甘地察覺到事態嚴重，必須回納塔耳澄清，於是立即動身，與正在懷孕的妻子卡絲特芭，以及兩個兒子一同登上「鼓浪號」，前往納塔耳。同行的還有另一艘船「拿得利號」，載着聲援甘地的支持者。兩艘船上共有八百多名印度人。

豈料，納塔耳的歐洲人斷定這是甘地企圖輸入大量印度移民的陰謀。為了保障自己的利益和特權，南非當局禁止這兩艘船進入港口。

歐洲人更恐嚇「鼓浪號」和「拿得利號」兩船的股東：「如果你們不立刻把船駛回印度，我們便不會再聘用你們的船來運送貨物。試想想，這樣的損失是多麼重大啊！為了一個苦力律師，值得嗎？」

「這次就算賠上我們整間公司，我們也要反抗到底！」全船的印度人，包括船公司的股東都同心高呼，雙方僵持不下。終於，二十三天的拘留期過去了，南非政府再沒有藉口阻止他們上岸。

　　甘地待家人和船上的所有乘客都順利上岸後，才和當地的朋友離開。當他一離開碼頭，只走了幾步，便被兩個小男孩認出來了：「甘地！他就是甘地！大家快來，甘地在這裏！」

　　幾個白人立刻跑過來，把甘地的朋友拉走，然後把甘地包圍起來：「你就是那個騙子嗎？」

　　他們扯掉甘地的頭巾，還向他擲臭雞蛋、石頭，甚至磚塊。圍觀的人越來越多，甘地被那些石頭擲得頭破血流。瘦弱的甘地哪裏能經得起這些？他幾乎要昏過去了。

　　這時，警察總監夫人亞歷山大夫人恰巧經過：「那個不是甘地嗎？」

　　原來甘地之前在南非的時候，和警察總監夫婦是頗有交情的。

　　亞歷山大夫人雖然很害怕，但她怎能對老朋友見死不救呢？她找來附近一個印度小孩，吩咐他：「快叫警察來！」然後，她勇敢地穿過人羣，走到甘地面前，張開傘，護着他向前走。歐洲人一向尊重女性，加上眼見這位老婦人如此勇敢，一時間也不知如何是好。

　　「警察來了！」人羣於是一哄而散，甘地終於得到了喘息的機會。

　　「快把他送到我家裏！還有，他受了重傷，快請醫

生來！」亞歷山大夫人的心還在卜卜亂跳呢！

然而，事情並未就此完結，警察總監住所門外已被數千名歐洲人包圍着。他們聲稱若不交出甘地，便要放火燒屋。亞歷山大總監見無法驅散人羣，決定假裝順應羣眾的意願，希望藉以拖延時間，讓甘地逃走。總監說：「我們沒有把甘地藏起來，如果你們不信，可以派代表進屋裏搜查。其實，我也十分痛恨甘地。我和朋友創作了一首關於他的歌，歌詞是這樣的：『寧願不要金子，寧願每天吃酸的果子，也不要黑色的騙子……』」羣眾聽了都歡呼起來。

這時，甘地假扮成一位印度籍的高級警官溜走，他戴的頭盔是用圍巾纏着餐盤造成的。另外有兩位白人探長把臉塗黑，假裝成印度人護送他。

甘地逃離後，警察總監讓幾位羣眾代表進屋搜查，他們當然是找不到甘地了，羣眾只好和平地散去。

第二天，報章把這次事件報道出來，英國人的野蠻行為受到國際間的批評。英國政府為了顯示風度，提出幫助甘地控告傷害他的人。這可是報復的好機會啊！可是甘地卻這樣答覆：「不必了，他們並沒有錯，錯的是那些失實的報道。」

甘地寬恕了傷害他的人，就像聖經上說的：「要愛

你們的仇敵，為那逼迫你的人禱告……」甘地的行為與
許多歐洲人篤信的基督教精神吻合，這次的事在一些開
明的歐洲人心裏留下了深刻的印象。「他不像是騙子
啊！」人們也開始相信，報章上對甘地的報道並不真實。

一八九九年，第二次波爾戰爭爆
發。波爾人因金礦的擁有權、稅收、
經濟發展等問題，與英國人產大巨大
的摩擦，雙方關係惡化。

甘地對這件事的反應再度出乎眾
人意料之外，他竟然聲稱支持英國。
他對外界宣布：「我們不會參與兩方
的戰爭，但我們會組成一支救護隊，
照顧受傷的英國士兵。」

甘地召集三百多名印度人，組成

知識門

波爾：

十七世紀時，荷蘭人
最早而且大量移民到
南非，荷蘭語中的波
爾是指農夫，這些荷
蘭人也自稱波爾人。
後來英國在南非的勢
力擴大，波爾人常受
到欺壓，雙方又因爭
奪金礦等資源而多次
發生衝突。

了一支救護隊趕赴前線。他們每天行走約二十多英里，
常要經過黃沙蔽日的戰場，從前線將傷兵病員運到後方
救治。戰爭結束後，新聞界對這支救護隊的熱情、忘我
精神讚譽有嘉，甘地和主要負責人還得到戰爭勳章。

其實甘地的立場和許多印度人不同。一般人認為，
印度人要得到自由，一定要把英國人趕走；但甘地卻堅信
在英國的統治下，印度人一樣可以享有自由。再者，印度

人如要享有同英國人一樣的自由，也應該同英國人一樣盡自己的義務，所以甘地組織了救護隊來幫英國。甘地的行動確實發揮了作用，經歷這次戰爭之後，英國人對甘地刮目相看，對印度人的態度也有了轉變。

一九〇一年，甘地決定回印度。臨走時，人們給他送上一大堆昂貴的禮物，但他都沒有接受。事實上甘地為公眾服務，一向拒絕收取費用，一直以來只是靠法律事務所的酬勞過活。

初時，卡絲特芭不願交出她收到的珠寶，她說：「難道我們服務了這麼多年，不應得到一些酬勞或回報嗎？」

甘地勸她說：「我們應該將他們的心意變成實質的行動，繼續為人們服務。」最後，甘地將收到的禮物換成金錢，並成立了一個公眾基金。

想一想

1. 為什麼南非的白種人會向甘地擲雞蛋、石頭？事後甘地怎樣對待傷害他的人？

2. 為什麼甘地不讓卡絲特芭收下南非市民送贈的禮物？

十 真理把持運動

兩年後，甘地再從印度返回南非，他從朋友那裏得到一本**羅斯金**①著的《堅持到底》，這本書對他影響很大，他從書裏推論出三個原則：

一、個人的福利包涵在眾人的福利當中。

二、一個律師與一個理髮師的工作，其價值是相等的，每個人都有權利和義務工作。

三、只有勞動者的生命，才是有價值的生命。

他覺得這本書寫出了他長久以來埋藏在心裏的想法。於是，他決定照這本書裏所反映的思想去改變自己的生活。

甘地開始了他的「自助計劃」。他在納塔耳附近買下了二十畝空地，把辦公室遷到那裏去，開始建立一個自給自足的村落，並取名為鳳凰農場。

新村落有一個原則，就是盡可能親自動手，製造生活所需要的東西，例如自己製麵粉做麵包、自己紡紗做

---

① **羅斯金**：全名約翰·羅斯金，十九世紀英國的評論家、藝術家。

衣服、自己剪頭髮等等，各人皆自食其力。在這個新村落裏的人，大家有着不同的種族，不同的膚色，可是卻像一家人。

甘地崇尚博愛、平等，無論是親戚、朋友，同胞或者洋人，白種人或者有色人種，他從不區別對待，甚至對於貪官污吏，他也無私怨。因為他認為人和行為是兩回事，好的行為應該讚許，而不好的行為就應該受到責罰，但對作出這種行為的人，卻不能因其行為的好壞而受到尊敬或鄙視，這就是「恨其罪但不恨其人」。這種思想構成了甘地日後非暴力抵抗運動的基礎。

一九〇六年的一天，報章上公布了「**亞細亞**①人登記法」，內容是這樣的：

所有印度人，不論男女，年齡在八歲以上的，都必須把姓名、住所、年齡及職業登記下來，並須打手印，領取登記證明，若遇官員盤查，必須馬上出示證明。警察甚至有權闖入家中檢查。

「這根本就是否決了印度人的基本公民權！如果登記了，不是與囚犯無異嗎？我是絕不會依從的。」甘地感到非常震怒。「亞細亞人登記法」對象雖是所有亞洲

---

① **亞細亞**：即亞洲，Asia 的英文音譯寫法。

移民，但這部分的內容很明顯是針對印度人。

「亞細亞人登記法」很快便在印度人之中流傳開去，隨之而來的反感也越來越大，於是甘地召開了一個緊急集會，他在會上說：「我們要有心理準備面對威脅、暴力，甚至牢獄之災。」說完後，全場幾千名印度人同時站起來起誓：「無論面對多大的壓力和迫害，我們都要團結抵制登記法。」場面很是壯觀。

「我們要如何抵制呢？」會上有人問道。

甘地說：「我們只需不遵守這條不公平的法令就可以了。如果遭到威脅、騷擾，也不採取暴力對付。」

甘地不喜歡「抵制」這個詞，因為他認為這有被動和怯弱的意思。他將這次行動定名為「**薩提亞格拉哈**①」，即「愛與真理的力量」的意思，這也就是甘地著名的「真理把持運動」的開端。

這個運動的最高精神就是以不服從去對抗一切的不平等待遇，卻以愛和寬恕去容忍因此而帶來的苦痛和刑罰，甚至心甘情願地下到牢獄受苦。

於是，「亞細亞人登記法」正式實行以後，只有五百個印度人響應，政府為此大發雷霆。

---

① **薩提亞格拉哈**：Satyagraha，是甘地的母語古加拉提語，Satya 指愛與真理，graha 表示堅毅。

「把不服從的印度人都綁起來。」

可是，牢獄對他們不但起不了阻嚇作用，反而給了他們更多的鼓舞。

「能為薩提亞（真理）下牢獄，實在是我們的榮幸。」獄中的印度人笑着說。

後來，甘地也被「請」進監牢了，獄中的印度人竟興奮得呼叫起來。

「啊！先生，你也來了……」大家圍着甘地，要聽他的教誨。

「是啊！我也被判了兩個月**徒刑**①。」甘地心平氣靜地說。

這批「真理把持者」不單避免使用暴力，而且對他們的對手，包括警察、官吏和獄卒都非常有禮貌。甘地表示：「我們不是與某個人為敵，而是反對體制中邪惡的部分。」

真理把持運動持續着，最終，所有的牢獄都充塞着印度人，政府因此耗費了大量的金錢，並且為此傷透了腦筋。總督史默資將軍眼見即使囚禁了領袖甘地，也不能平息抵抗運動，便向甘地提出一個折衷的方法：「你

---

① **徒刑**：對犯人依法監禁，並令其服法定的勞役。

們先向政府登記，待一切手續辦妥後，我們便立刻廢掉這法案。」

「不要相信他！」身邊的追隨者都對甘地這樣說。

可是甘地卻說：「真理把持者是不會懷疑對方的。既然政府願意讓步，我們也樂意合作。」

甘地同意了政府的折衷方案。雖然他在前往註冊登記局的路上，遭到一位印度同胞的攻擊，但他仍然是第一個帶頭登記的人。可惜，不是人人都像甘地一樣堅守承諾，史默資將軍後來並沒有撤銷登記法。

為了表示抗議，甘地與兩千名跟隨者公然燒毀他們的證件。真理把持運動進行得如火如荼，「真理把持者」繼續抗爭，有些人被關進監獄中達五次之多。

如何幫助那些入獄者的家屬，成為「真理把持者」需要解決的問題。於是，甘地再度成立一座自治農場，收留有需要的印度人，甘地給這個農場命名為托爾斯泰農場。托爾斯泰是俄國的小說家，甘地十分景仰他的謙卑與自給自足的哲理精神，後來甘地還將一份記錄了南非真理把持運動的報告給托爾斯泰。

知識門

托爾斯泰：

列夫・托爾斯泰，俄國作家，寫下《戰爭與和平》、《安娜・卡列尼娜》等名著。托爾斯泰晚年時像甘地一樣篤信宗教，捨棄所有財富，杜絕暴力，提倡和平。

不久，第二次真理把持運動開始了，這次運動發起的原因是抗議政府向印度人抽取人頭稅。一九一三年，人頭稅抗爭還未完結，政府又決議立法，規定只有行基督教婚禮並於政府註冊的婚姻才是合法的。這麼一來，印度人的太太們便被剝奪了原有的地位，就連她們的子女也變成新法律下的私生子女而失去遺產繼承權。

「我們不要這條可恥的法例！」婦女們的憤怒叫聲震動了整個南非，自此婦女們也走進了抵抗運動的行列當中。

甘地的太太卡絲特芭也積極地參加了這次運動，她率領十六名來自鳳凰農場的婦女上街示威，更因此被關進牢獄三個月。

「她們真勇敢啊！」托爾斯泰農場裏的婦女也起來反抗了，她們遊行到納塔耳的煤礦場，鼓勵那兒的煤礦工人罷工示威。這是南非第一次非白人的罷工行動。

甘地作為真理把持運動的領袖，自然首當其衝，再次被政府拘捕，這次的刑期長達一年。

不過，真理把持運動並沒有因為甘地入獄而停頓下來，領袖被捕反而激起羣眾勇敢向前的決心。一間又一間的刑務所都給「犯人」擠滿了，最後連礦坑也變成了刑務所。政府的苛暴終於激起了正義之士的不滿，礦工

們把受苦的情況拍電報告訴印度的親友，印度總督苛丁尼得知後也忍不住發怒，站出來狠狠地責備南非聯邦，並公開支持真理把持運動。

與此同時，鐵路局的歐洲工人也加入了罷工行列，要求政府加薪。

「這是個好機會啊！就在此時大舉發動真理把持運動，政府腹背受敵，一定會屈服的。」甘地的追隨者都感到雀躍。

可是甘地卻不贊同：「我不想乘人之危，這樣會對國家造成很大的損傷。而且鐵路工人的目的是加薪，絕不能與我們的真理把持運動混為一談！我們還是先返回工作崗位，待事件平息了，才繼續爭取。」

史默資將軍深受甘地的君子行為感動，於是請他到辦公室一談。

史默資將軍說：「說實在的，我對你們從未存有好感，一直千方百計想剷除你們。但在我們有危難時，你們竟然反過來幫助我們。若你們像其他歐洲罷工的人一樣使用暴力，我們大可以用武力鎮壓，可你們卻是如此的溫和、講道理，如果我們再使用強硬手段，便顯得我們才是野蠻人了。」

在這樣友善的氣氛下，他們達成了一項協議，那就

是一九一四年六月公布的印度人解放方案,人頭稅被廢除了,非基督教的婚姻也合法了。

兩個星期後,甘地應一位英國朋友的邀請到英國一行。離開南非時,史默資將軍來送行,他笑着説:「我對你們的行為和精神表示深深的敬意,然而,不可否認,這一刻我實在渴望你這位專惹麻煩的紳士趕快離開。」

甘地也笑了:「我不會掛念你的,史默資將軍。」

想一想

1. 甘地建立的自治農場有什麼特點?

2. 在真理把持運動中,怎樣看得出甘地守信、堅持原則的特點?

十一 偉大的靈魂

不久，第一次世界大戰爆發了。幾個月後，甘地在倫敦組成一支印度人的志願服務隊，參與英國軍隊戰區的救護工作。甘地再一次以德報怨，英國人也再一次看到他們一直視為奴隸的印度人，用愛來回報自己。

一九一五年，四十六歲的甘地因病提前回國。輪船駛進印度的孟買港口，使甘地憶起當年從英國學成回國時，既興奮又迷惘的心情。

甘地靜靜地想着：「啊！我已經二十三年沒有回家鄉了。」

這時一陣歡呼聲驚醒了甘地，他問身旁的友人：「為什麼碼頭上有這麼多人呢？他們在喊什麼呀？」

朋友笑了笑，說：「他們在歡迎印度的英雄歸來啊！你仔細聽聽吧！」

「甘地先生！我們歡迎你！甘地先生！我們歡迎你！」

「啊！他們在歡迎我！」

「當然啊！你在南非發動的真理把持運動是多麼轟

動啊!你早已成了印度人的英雄!」

甘地回國後,決定用一年時間重新認識自己的國家。他乘坐在骯髒擁擠的三等火車車廂,走遍整個印度。一路上他耳聞目睹了人民所受的疾苦,上流社會的紙醉金迷、腐化墮落,深入了解到當時政府機構的陳規陋習。甘地所到之處,羣眾都蜂擁而來,要看看這個偉大的人物。

「就是他嗎?他長得很瘦小啊!」大家都被他的外表嚇了一跳。

甘地頭戴廉價的布帽,身披「得合提」,即農人穿的亞麻布長衫。曾獲諾貝爾文學獎的印度詩人泰戈爾就將甘地描述為「身穿農人衣裳的偉大靈魂」。之後,無論甘地去到哪裏,人們都稱他為「瑪哈瑪」,即偉大的靈魂的意思。

一九一六年,甘地到印度大學演講。

出席這個大學典禮的都是一些有名望的人,總督、大君、貴族,還有穿着制服、佩掛勳章的英國軍官,全都珠光寶氣、打扮高貴。

身穿白色手織衣服的甘地緩緩走到講台上,台上台下形成強烈的

大君:
在印度,「大君」是指國王、土邦君主。在英國統治印度期間,印度的土邦多達數百個。

對比。甘地的聲音非常微弱，就算用了擴音器，大家也要摒息靜聽，剎時整個禮堂都靜了下來。甘地説：「首先，我必須向大家致歉，在這次典禮中，所有講者都要用英文來演講，我也不例外。在印度人的國土上，我們非得用外國的語言向自己的同胞演講，實在是全國印度人的羞恥！」

台下一片沉默。甘地望着坐在台下穿着華貴服飾的達官貴人，眼前不禁浮現出貧民窟內人們衣不蔽體，廣大農民衣衫襤褸、瘦骨伶仃的樣子。他痛心地説：「我現在呼籲，請在場的各位貴賓都取下身上的珠寶和華麗的飾物。」甘地突如其來的要求，使在場的人大呼小叫起來：「他在説什麼？為什麼要這樣？他想和我們玩遊戲嗎？」

擾攘了好一陣子，待台下的氣氛稍為平服後，甘地接着説：「這就是為什麼印度還不能獨立自治的原因。

「剛才我聽到大君殿下的演講，他表示十分關注印度貧窮的問題，可是我在現場看見的卻是個珠寶展覽會。大家一邊在口裏説關心窮人，一邊卻在剝削窮人，用他們的勞動成果來興建宮殿、購買珠寶。你們戴起這些飾物，就是將億萬窮苦的人民展覽出來！

「我們要救印度，靠的不是律師，也不是醫生，

更不是有錢的地主。能救我們國家的，是佔了印度人口百分之八十的窮人和文盲。要讓他們站出來支持獨立自治，我們必須放下自己的享樂和慾望，先幫助他們解決基本的生活問題，讓他們能夠自立，這樣他們才有力量加入我們的行列。

「我要求大家拿下身上的飾物，是想大家帶頭踏出第一步。連這小小的一步都做不到，印度便真的是無可救藥了！」

「聽吧！他竟然這樣説！」原本在場打瞌睡的學生聽了都感到精神抖擻、情緒激昂。但也有些達官顯貴激憤離場：「實在太失禮了，他竟然公開説出這種話！」

甘地繼續發表他的演説：「我的話可能令某些人感到不安，但……」

「甘地，坐下！」在場有人想打斷他的話。

「讓他説下去吧！」

「住嘴！不准再説下去！」

「他説得很有道理啊！」

一時間，禮堂喧鬧聲震天，把甘地的聲音都掩蓋了。由於現場一片混亂，大會主席怕情況一發不可收拾，便宣布終止甘地的演講。

這次演講之後，甘地再次活躍起來。他幫助貧窮的

農民向地主和政府爭取減租，又幫助被欺壓的工人向僱主爭取合理的報酬。

有一次，他在解決一場**勞資**①糾紛時，教導工人用非暴力的罷工方式向僱主表明立場，他呼籲工人們必須恪守不使用暴力、不進行破壞的原則。但當罷工持續兩個星期之後，工人的士氣開始消沉了。

「甘地先生，我們絕對服從你的領導，但是如果我們再不回去工作，便連買食物的錢也快要用完了，怎麼辦呢？」

甘地苦苦思索後，為了激起工人的鬥志，他宣布：

「由今天起，我會以絕食來支持你們。」

「不，甘地先生，絕食的應該是我們啊！不應由你來代我們受苦的！」

「誰來受苦不重要，重要的是可以讓對方明白我們的看法和堅持。」

這是甘地第一次公開地為他的信念而絕食，之後在他的一生中，他還有幾次在遇上政治危機時實行一段時間的絕食。甘地對他的追隨者說：「我不是以絕食作為一種威脅的手段，而是以此表明自己的立場。如果我的

---

① **勞資**：勞工和資本家，也就是指僱員和僱主。

看法是錯的話，那麼除了我自己之外，也不會傷害到其他人。」

他又強調：「我是在感到已沒有其他辦法的時候才會絕食的。」

工人們都十分敬愛甘地，看見他絕食，都感到非常心痛，他們對罷工恢復了前所未有的勇氣。僱主們看見這樣感人的場面，也心軟下來了，他們答應和勞工商議，互相讓步，也同意了工人加薪的要求，最後事情獲得圓滿的解決。

想一想

1. 甘地在大學裏演講的主要內容是什麼？
2. 甘地為什麼要絕食？你怎麼看待絕食？

十二 和平不合作運動

第一次世界大戰爆發，英國在大戰中面臨落敗的危機，當局向甘地求助，甘地答應了，並負起**募兵**^①的工作。甘地不是主張和平，反對武力的嗎？

原來，甘地的想法是這樣的：「既然印度不夠強大，無法置身於戰事以外，那麼我們便要投入參與，讓戰爭早日結束。再者，這是一個表現印度人力量的好機會，證明印度是可以獨立的。」

英政府為了安撫印度人，答應戰後讓他們自治。於是，所有印度人都積極參戰，期待戰後的獨立，甘地心裏也感到安慰：「印度對英國的忠誠終於得到應得的回報了。」

第一次世界大戰的戰場上，有一百五十萬名印度人加入了英國的軍隊，他們在非洲及中東的作戰中表現非凡，聲譽卓著。

不幸的是，甘地在各鄉村之間穿梭、努力募兵的時

---

① **募兵**：徵兵，招募願意當士兵的人。

候感染了傳染病。他病得奄奄一息，使卡絲特芭十分擔心。她對丈夫説：「你經常絕食，身體已經變得很虛弱了。來，喝點羊奶吧！這對你的身體有幫助。」

甘地卻堅持説：「不，我曾起誓，不喝牛奶的。」

卡絲特芭和他爭辯：「這是羊奶，不是牛奶啊！」

最後甘地讓步了。卡絲特芭看着虛弱的甘地，搖搖頭説：「你真的和你媽媽一樣固執，也一樣善良。」

大戰終於結束了，可是英國人不但沒有遵守諾言，還頒發了一道野蠻的新法令——羅拉特法案。該法案授權政府不需審判，便可搜查、逮捕、監視任何一個印度人，甚至不用審訊就可將其判處死刑。

整個印度都憤怒到了極點，甘地也不再對英國人抱有幻想了。他拖着病弱的身體在全國各地發表演講，號召各地人民舉行總罷工。甘地還宣布，一九一九年四月六日為全國罷工日，在這一天，全國人民不分宗教，都聚集一起，絕食禱告。於是，從鄉村到城市，整個國家都變得死寂，像停頓了一樣。

可是在某些地方，和平的罷工卻演變成暴亂，一些暴民趁機毀壞火車站、打劫商店、縱火燒毀政府辦公室等等。

「你們真叫我痛心，我現在明白到，你們還未真正

明白真理把持運動的道理，我現在宣布取消所有抵抗活動。」甘地失望極了，「我會為此絕食三天，有心的人也可以自行絕食一天，為這次事件向神靈懺悔。」

印度教一向主張以苦行來贖罪，甘地的絕食行動正與這種精神吻合，所以每次都能收到不錯的效果。

正當印度市民都靜靜地聚集在各廣場，進行禁食禱告的時候，一位剛從英國派來的戴爾將軍誤以為他們是印度暴民，又想趁集會發動另一次暴動。他不問明情由，也不給予警告，便帶了大批人馬封鎖其中一個最大的廣場，並下令向廣場上的「暴民」開火，直至所有彈藥用完為止！

槍聲、尖叫聲混集在一起，將近四百名無辜的印度人死亡，一千二百多人受傷倒地，受傷的、逃命的人在地上艱難地蠕動、爬行，場面十分恐怖。

戴爾將軍還宣布，直到隔天**宵禁**①解除之前，不准任何人去拯救廣場上的人。整個城市籠罩着恐怖、憤怒的氣氛。

發生這次的屠殺事件後，甘地對英國的信心完全崩潰了，他對外宣布：「我們不要再遵守英國的法律了，

---

① **宵禁**：限制民眾在晚上外出的禁令。

我們要奉行另一種較高的法律，那就是來自我們良知的聲音。」

一九二○年八月，甘地將他的真理把持運動升級為「不合作運動」。他認為只有停止與政府合作，才能真正的抵抗政府。不合作運動就在甘地的率領下和平地展開，數百名印度官員辭去了職務，數千名學生向英辦的學校申請退學，甚至法院也因為印度律師不肯上庭而停止辦公。甘地還提出杯葛外國商品，鼓勵國產製品，希望藉此令印度的工業復甦，為獨立鋪路。

「先生，請支持國貨。」一時間，很多英國店舖門外都站着一些衣着整齊、態度友善的印度婦女，呼籲國人改到印度人開辦的店舖購物。

甘地一方面奔走各地，勸戒人民要遵守秩序、防止暴亂，一方面又發起「紡織運動」。他鼓勵在不合作運動中辭去工作的人，重新投入生產，自製布料和衣服。「大家想想，沒有英國輸入的衣服前，我們不是自己紡紗織布的嗎？那時，大家的生活是多麼幸福啊！」

「是啊！我家裏還放着織布機呢！」

「紡織運動」一呼百應，印度的大街小巷再次傳來沙沙的紡車聲，人人不分貧富，都穿着自家製的衣服。

「印度的棉布，正是獨立運動的制服！」甘地看見

了希望。他決定發動第二次全國罷工，並很有信心這次一定能成功。

為了表明禁絕**洋布**[①]、推廣**土布**[②]的決心，甘地在廣場上舉行了一場焚燒洋布的羣眾集會。熊熊大火也燃起了印度人民抵制英貨、誓死獨立的決心。

甘地清楚地意識到英國殖民地的入侵，破壞了印度以手工紡織業為基礎的社會結構。英政府以低廉的價格收購印度的棉花，然後運到英國加工，再將成品運到印度，高價出售給印度人民，從中獲取巨額利潤。

為了與英國工廠的機器抗衡，甘地苦苦思索、反覆試驗，最終想到了印度世代相傳的木製紡車。他想以印度自紡自織的布來代替進口洋布，於是每天都要抽時間出來紡線，他還敦促其他同事也這麼做。紡線成了印度人民獨立自主、自力更生的象徵。

可惜的是，這次的罷工最終也演變成暴亂。某處的市民和警員發生衝突，更暴力地把二十多名英國警員活活燒死。

「我做錯了嗎？」甘地為此感到十分痛苦，並宣布

[①] **洋布**：洋，外國。這裏指從英國進口到印度的布。

[②] **土布**：與「洋布」相對而言，指自己做的、手工紡織的布。這裏指印度人自己做的布。

停止所有相關的行動。英政府認為這是逮捕甘地的最佳時機,不必擔心會引起大型的暴動。

　　甘地被逮捕後,每天都有成千上萬的人在刑務所外打探他的消息,這使英國政府不敢輕舉妄動。

想一想

1. 甘地為什麼鼓勵印度人參與戰爭,幫助英國軍隊?

2. 甘地為什麼要發起「紡織運動」?

十三 感動世界

一九二二年三月十八日，緊張的氣氛籠罩了整個印度，全世界的注意力都集中在一所小小的法院裏，因為站在被告席上的，就是印度人民的英雄——甘地。

甘地發表了一篇轟動世界的自白書：

「我承認一切控罪，我的確觸犯了英國人訂立的、充滿歧視的法律。在這樣的法律下，我們雖然生活在自己的土地上，但卻沒有自由、沒有尊嚴、沒有工作、沒有食物……

「另外，我也承認在防止暴力方面是失敗了，我必須為自己的疏忽負上責任，我願意接受懲罰……

「最後，我要指出，英國人是忘恩負義、不守諾言的。我們曾三番四次表示友好，卻換來背信和更大的壓迫。請大家想想，正義到底屬於哪一方。」

甘地的自白書，是對英國政府的控訴。

宣判時，法官說道：「甘地先生，在我審問過的人之中，你的確是與眾不同的。我和你的政見不同，但仍欣賞你的品格。」

　　甘地也坦然地回應：「牢獄對於我來說算得上什麼呢？這些年來我一直疲於奔命地工作，這回正好讓我靜下來，好好的禱告、閱讀和思考。」

　　最後，甘地被判了六年徒刑。他在獄中的生活極有規律，每天四時就起牀唸經、唱詩、閱讀、寫自傳，還花六個小時來學習文學，用四個小時來紡紗。

　　服刑兩年後，甘地患了盲腸炎，有關當局擔心甘地如果在他們手中死去，將會引起一場叛亂，於是替他安排手術，並在手術後把他釋放了。

　　甘地出獄後，發現國家的情況比從前更糟了。印度教教徒和回教教徒經常發生衝突，多次釀成流血事件。為了化解兩教的仇怨，五十五歲的甘地不顧自己身體虛弱，決定進行為期二十一天的絕食。在這期間，他只喝清水和鹽水。他發表聲明說：「我不能忍受最近發生的仇殺，我尤其不能忍受我的無能為力。我的宗教告訴我，遇事困擾不能解決就絕食禱告，這是自苦，也是自潔。」他想以此哀求兩個教派的人不要再自相殘殺。

　　甘地的舉動把全世界都嚇壞了，大家都設法阻止他：「你這不等如自殺嗎？」

　　甘地以實際的行動，回答了大家的疑惑，他憑着驚人的意志力，度過了二十一個絕食的日子，使印、回兩

教的印度人再度和好。

一九二六年，甘地因健康問題需待在學院靜養，這時他開始撰寫自傳《我體驗真理的故事》。

一九三〇年，甘地再度發起不合作運動，這次運動的口號是：「向着有鹽的方向走！」

「甘地又在葫蘆裏賣什麼藥呢？」英政府派人監視甘地和他的支持者。

密探回報了：「他們放下所有工作，有秩序地步向海邊祈禱，然後在岸邊用雙手盛起一些海水，讓太陽把海水蒸發。」

「啊！他們在造鹽！」

他們的舉動，令整個世界都感到不可思議。

鹽本來是每個人在日常生活中必不可少的調味品，它對補充體力也很有幫助，對經常從事體力勞動的印度人來說更是不可缺少的。可是，英國人為了謀利，把造鹽工業收為國營，還向印度人收取很重的鹽稅，使千萬印度人民不堪忍受。這次造鹽運動便是由此而起的。

「堅決信守真理與非暴力！」甘地發表演講，向集會羣眾宣講這場運動要堅守的原則，並向羣眾闡述了採用非暴力方式的必要性和重要性。他說：「我沒有見過世界上哪個國家可以容忍暴力抵抗，而印度的非暴力鬥

爭卻會使英國政府束手無策。」

一九三〇年三月十二日，甘地率領支持者向大海進發，圍觀的羣眾前呼後擁，各國新聞記者窮追不捨，跟蹤採訪這支奇異壯觀的遊行隊伍。沿途村莊的人們手持鮮花，潮水般湧到甘地一行人通過的路旁。甘地手柱拐杖，背微駝，可是兩眼灼灼有神。經過七天的跋涉，他們終於到達印度洋海邊。甘地跳進大海，俯身在海灘上撈起一把鹽，然後將白色的鹽沫灑向人羣。這個舉動已經揭示了「造鹽運動」的開始，並破壞了英國政府鹽業專賣、禁止印度人民私下造鹽的規定。

甘地破壞鹽業專賣的規定，使印度又沸騰起來了。全國各地罷工、罷市運動風起雲湧。面對這情景，英國當局又一次進行了殘酷鎮壓。

不久，他們再次逮捕了甘地，這使印度舉國上下更加憤怒了！人們抵制英貨、遊行示威，造鹽運動也沒有停止，成千上萬的印度人都到海邊造鹽去了，英國政府派出軍隊鎮壓。

一位歐洲記者在現場目睹了一切，後來，他向世界報道了一個難以忘懷的畫面：「海邊約有二千五百名造鹽的市民，四百名警察拿着包了鋼鐵的棍棒，將一排排市民打倒。然而，後排的人一點也不膽怯，沒有一位造

鹽的人用手抵抗棒擊，我可以聽到棍棒打落在毫無保護的頭骨上所發出的令人作嘔的聲音……」

前一排市民被打倒，後面又上一排人，然後又被打倒。鐵棍、鎖鏈打在手無寸鐵的人民頭上、身上，然而沒有人退縮，也沒有人求饒。這宗慘案經報紙披露後，引起了世界輿論的高度關注，也震撼了全世界。

面對印度人民的頑強抗爭，以及世界各地譴責的聲音，英政府不得不讓步，最終答應釋放政治犯和開放製鹽權。

想一想

1. 甘地在獄中的生活是怎樣的？

2. 甘地為什麼要發起造鹽運動？英國政府怎樣對待參加造鹽運動的人？

十四　印度獨立與明燈熄滅

一九三九年，第二次世界大戰爆發，英國正式向德國宣戰，並要求印度像第一次世界大戰時般，協助英國作戰。

今次，甘地這樣回答英國的要求：「英國既然聲稱為自由而戰，那就請先給我們自由吧！」他希望英國政府提出明確的政治目標，承認印度獨立。

當時，有人問甘地：「如果你的敵人是希特拉，非暴力行動還能湊效嗎？」

甘地回答道：「以暴力對付暴力只會產生更多暴力，暴力絕不是和平的解答。」

然而英國殖民政府不可能滿足印度人民的合理要求，促使甘地又再發起非暴力運動。這時在歐洲戰場，挪威、法國等國紛紛投降。英國政府有感處境危險，急切希望印度能在人力、物力上給予支持。雖然如此，英國

知識門

希特拉：

德國納粹黨領袖，後來出任納粹德國元首，實行獨裁統治，並積極擴展勢力，導致第二次世界大戰爆發。希特拉掌政期間，曾大規模屠殺猶太人、波蘭人等。

殖民政府也不答應印度人民要求自治獨立的要求。太平洋戰爭爆發後，日本迅速佔領了馬來西亞、新加坡等國家。局勢的發展使甘地生出要英國人退出印度的念頭。

他想，在亞洲和太平洋戰場上，同盟國難以抵抗日本的攻勢，英國沒有力量守住印度，而如果英國從印度退出，獨立的印度就可用全部力量來抵抗日本的侵略。甘地為此發表了宣言，接着甘地又被拘捕了。

英國在大戰中節節失利，印度境內的饑荒也隨之而起，雖然政府保證會向人民供應足夠的食物，但還是有一百五十萬人因饑荒而死亡。為了抗議英國殖民政府的所作所為，七十三歲的甘地毅然決定在獄中冒死絕食。

「這樣下去，我們的瑪哈瑪必死無疑，請救救他吧！」印度人都急得哭了，全世界的人都懇請英政府釋放他，但英政府都不為所動。時間一天天過去，每一天都是驚心動魄的，幸好甘地最終能再次從死亡邊緣走回來，他克服了一切，沒有拋下印度人民而去。

知識門

太平洋戰爭：

第二次世界大戰期間，美國、英國、法國、波蘭、中國等同盟國成員在太平洋一帶與日本進行的戰爭。1941 年 12 月 7 日，日本進攻美國在太平洋珍珠港的海軍基地，隨即爆發大戰，直到 1945 年 8 月 15 日，日本宣布投降，戰事才告結束。

一九四四年二月，甘地夫人卡絲特芭雖身患重病，但仍堅持前往獄中照顧甘地。可惜，在長期的病患糾纏下，卡絲特芭伏在甘地的膝上去世了。甘地與卡絲特芭相依相守了六十二年，甘地沉痛地說：「失去卡絲特芭的痛苦，比任何一次絕食都更難受。」

六個星期後，甘地患上了嚴重的瘧疾，世界各地的人紛紛來信為他求情，最後有關當局同意釋放甘地。這是甘地最後一次入獄，他一生中總共在獄中度過了二千三百二十八日，算起來長達六年之久。

這時，英國有份參與的盟軍因得到美國的支援，終能逆轉大勢，獲得最後勝利。

英國雖然勝出了戰爭，但卻元氣大傷。這場戰爭動搖了它原來龐大的殖民統治基礎，此時世界各地的解放運動蓬勃發展，英政府長久以來也受到印度民族解放運動的衝擊，在新形勢下，英政府不得不重新審視與印度的殖民關係。

不久，英國本土舉行了國會大選，保守黨大敗，代之而起的是主張殖民地解放的工黨。英國工黨政府決定推行非殖民地計劃。

一九四七年八月十五日正午，印度正式獨立的時刻來到了！印度國旗四處飄揚，人民互相握手道賀，歡笑聲

不絕於耳。看到自己長期堅持的奮鬥終於得到成果,甘地並未感到興奮,因為他理想中的印度還未真正實現。印度獨立後,印、回兩教仇怨加深,彼此殺戮,回教教徒建立新國家巴基斯坦,與印度教教徒分開,印度正面臨分裂。甘地拒絕參加慶祝儀式,整天獨自祈禱。

兩教衝突日益加劇,暴動已造成一千五百萬人無家可歸,超過五十萬人死亡。對此,甘地感到痛心極了,於是他以七十八歲高齡,再次宣布絕食。

甘地絕食多一天,便走近死亡多一步。這次絕食嚴重損害了甘地的健康。他通過收音機廣播,呼籲各宗教間互相容忍:「我到底還是失敗了,無法使同胞團結合一。但只要我還有一口氣,我就不會放棄。」錄音播送到印度各地,聲音雖然虛弱,但再堅硬的心也會被它融化。終於兩教教徒握手言和,並在甘地枕邊立下誓言,懇求甘地停止絕食。

不過,和平只是表面的,一批印度教的極端分子組織成一個叫印度‧連合的組織,他們仇視回教教徒,也不理解身為印度教教徒的甘地為什麼要阻止他們向回教教徒報復,於是一股憤恨漸漸轉移到甘地身上。

絕食結束後的第二天,甘地坐在椅子上,讓人抬進祈禱會場。有人激動地大叫:「瑪哈瑪,你真是神的化

身！」甘地只是疲倦地笑了笑：「請坐下，我要開始帶領禱告了。」

砰！會場外突然傳來爆炸聲，「怎麼回事？」羣眾頓時騷動起來。甘地冷靜地控制場面：「不用擔心，這可能只是軍事演習，請聽指示，有秩序地慢慢離開。」

第二天，人們才知道，有人在場外向甘地投擲土製炸彈，主謀正是印度‧連合組織！

甘地收到來自世界各地的電報，問候並讚揚他臨危不亂。面對各人的讚美，甘地回應說：「如果我被炸彈擊中，臉上還露出笑容，你們才來稱讚我吧！也請大家寬恕那個誤入歧途、向我投炸彈的青年。」

「那個青年只是不明白，立場和他不同的人，未必就是惡人。」

甘地察覺到自己的生命遭受威脅，他對幾個親近的追隨者說：「如果我被暗殺者的槍彈打死，我將一點也不憤怒。我將祈禱，而神也在我心中。」

一九四八年一月三十日傍晚，在首都新德里，甘地像往常一樣，到廣場去與眾人一起禱告，並預備為他們祝福。廣場上聚集了五百人，當中有印度人，也有外國人。民眾見到甘地出現，都紛紛伏下，伸出雙手觸摸甘地雙腳以表示敬愛，因此甘地的小腿長期滿布抓痕。

甘地架着眼鏡，身纏白色的腰布，瘦弱的他，走路也要人攙扶，而陪伴在他身旁的，是他的兩個孫女。甘地對孫女説：「我們得走快點了，已經遲到十分鐘了。」

這時，一個青年走到甘地面前，雙手合十地向他行禮。正當甘地準備回禮之際，突然，青年從衣袋裏拔出槍，「砰！」他向甘地的胸口開了一槍，甘地仍然站着。「砰！」第二槍，鮮血開始染紅白色的腰布，甘地原來合十的雙手緩緩下垂。他用難以置信的表情望着刺殺他的人，眼神中還有疲憊，但沒有懼怕。「砰！」第三槍響起，甘地應聲倒地。「噢，神啊……」甘地喃喃地説。

就這樣，甘地離開了人世。

「印度人民的明燈已經熄滅了。」當時的印度總理尼克魯通過收音機廣播，向印度人民宣布甘地的死訊，全國陷入無盡的悲哀。

那個槍殺甘地的青年名叫納蘇朗·戈兹，是印度·連合組織的成員，他最終因謀殺罪名成立而被處決。但無論怎樣，甘地也不能再活過來了。

印度人民為甘地舉行了盛大的悼念會，一百五十萬人伴着靈車前行，哭聲響徹印度。

「他沒有財富、沒有產業、沒有政治地位、沒有辦公室、沒有科學成就，也沒有藝術天分，但軍政大權在

握的人，都要對這位七十九歲、身纏腰布、黑褐瘦小的老人敬畏萬分。他雖死猶生，因為他是甘地。」全世界都在報道甘地的喪禮。

在場有超過一百萬人，他們不分膚色、種族、宗教，都為甘地的離去而悲傷，各自用自己的方法為他禱告。相信這是印度人最團結的時刻，可惜的是，甘地永遠不能看到這個畫面了。

美國國務卿馬顯爾將軍說：「甘地是全球人良知的發言人。」

愛因斯坦說：「後世人會難以置信，曾經有這樣一個有血有肉的人活在這世上。」

甘地的遺體依照印度教習俗火葬，並將骨灰灑在印度的河流中。

直到今天，印度的首都新德里仍然豎立着一座甘地紀念塑像。

想一想

1. 1947年，印度終於脫離英國的殖民統治，為什麼甘地並不感到興奮？

2. 受萬人景仰的甘地為什麼會遭到槍殺？

甘地生平大事年表

公元	年齡	事件
1869年	/	莫漢特·卡蘭姆昌德·甘地在印度西部的波班達出生。
1882年	13歲	與卡絲特芭·納坎吉結婚。
1885年	16歲	父親卡朗昌·甘地去世。
1888年	19歲	遠赴英國修讀法律。
1891年	22歲	以優異的成績取得了律師的資格，返回印度。
1893年	24歲	赴南非工作，並展開爭取印度人民權益的活動。
1894年	25歲	成立「納塔耳印度人大會」。
1906年	37歲	「亞細亞人登記法」公布，甘地發動真理把持運動。
1908年	39歲	因反對「亞細亞人登記法」而首次入獄。
1916年	47歲	在印度大學發表演講。在解決一場勞資糾紛中第一次公開地為他的信念而絕食。

公元	年齡	事　件
1919年	50歲	反對羅拉特法案，宣布當年4月6日為全國罷工日，結果引發了暴亂及英政府武力鎮壓。
1920年	51歲	開展「不合作運動」，發動全國罷工，但再度引發暴亂。提倡「紡織運動」，重振印度的工業和經濟。
1922年	53歲	因「不合作運動」而被捕，被判六年徒刑，引起國際關注。
1930年	61歲	再度發起「不合作運動」——「造鹽運動」。
1940年	73歲	印度發生饑荒，甘地再次絕食二十一天，抗議英政府沒有為人民提供足夠食物。
1944年	75歲	妻子卡絲特芭去世。
1947年	78歲	印度正式獨立，但因印度教教徒和回教教徒引發的暴亂，甘地再度絕食。
1948年	79歲	被一名印度·連合組織的青年開槍射殺。

認識諾貝爾和平獎

甘地主張和平，反對暴力，並曾五度獲提名諾貝爾和平獎，甘地最後有沒有得到諾貝爾和平獎呢？

諾貝爾和平獎簡介

1896年，瑞典發明家諾貝爾去世，他在遺囑中寫道，要把自己的財產成立一個基金，用每年的利息來設立五份獎金，頒發給在物理、化學、生物醫學、文學、和平這五方面有傑出貢獻的人。

自1901年開始，諾貝爾基金會每年舉行一次頒獎儀式，頒獎日期是12月10日——諾貝爾逝世的日子。諾貝爾和平獎的頒獎禮在挪威舉行，其餘四項諾貝爾獎則在瑞典頒發。

第一屆諾貝爾和平獎的得主，是紅十字會創辦人亨利·杜南，以及首屆世界和平大會的主要組織者弗雷德里克·帕西。

甘地與諾貝爾和平獎

甘地曾在1937、1938、1939、1947年獲提名諾貝爾和平獎，都未有正式獲獎。1948年，甘地第五次獲提名諾貝爾和平獎，但就在這一年的1月，甘地遇刺身亡，

再次與諾貝爾和平獎擦身而過。

當時諾貝爾獎沒有追頒獎項予不在世的人的做法，而這一年的諾貝爾和平獎也懸空了。諾貝爾獎委員會表示，這是因為在世的提名人當中，沒有合適的得獎者。

有評論指，甘地未能獲得諾貝爾和平獎，可能是因為他在發動全國罷工、「不合作運動」等抗爭活動時，當地爆發了暴亂。1947年印度終於獨立，也就是在甘地第四次獲提名諾貝爾和平獎的那一年，印度教和回教兩派教徒不斷爆發流血衝突，動亂局面未有平息的跡象。

雖然甘地沒能完全平息印度人民之間的紛爭，但是他推動非暴力抗爭運動、主張和平的信念值得人們尊敬。在多年之後，諾貝爾獎基金會曾公開表示，當年沒有頒授諾貝爾和平獎予甘地是令人遺憾的。

　　甘地為了印度人的權利而努力奮鬥，發起各種和平抗爭活動，更為了印度的獨立奉獻了自己的生命。假如你是一名印度人，如果有機會見到甘地，你想對他說什麼？試把你的想法寫下來。